D1542917

Date: 2/9/15

SP J 599.525 CAR
Carr, Aaron.
La ballena jorobada /

PALM BEACH COUNTY
LIBRARY SYSTEM
3650 SUMMIT BLVD.
WEST PALM BEACH, FL 33406

Yo soy La ballena jorobada

Aaron Carr

SPANISH & ENGLISH eBOOKS
AV²
BY WEIGL™
ADDED VALUE • AUDIO VISUAL

www.av2books.com

Visita nuestro sitio **www.av2books.com**
e ingresa el código único del libro.
Go to www.av2books.com, and enter this
book's unique code.

CÓDIGO DEL LIBRO
BOOK CODE

D 3 2 2 3 6 3

AV² de Weigl te ofrece enriquecidos libros
electrónicos que favorecen el aprendizaje activo.
AV² by Weigl brings you media enhanced books that
support active learning.

**El enriquecido libro electrónico AV² te ofrece una experiencia
bilingüe completa entre el inglés y el español para aprender el
vocabulario de los dos idiomas.**

This AV² media enhanced book gives you a fully bilingual experience
between English and Spanish to learn the vocabulary of both languages.

Spanish

English

Navegación bilingüe AV²
AV² Bilingual Navigation

CHANGE LANGUAGE ENGLISH SPANISH
OPCIÓN DE IDIOMA
LANGUAGE TOGGLE

Tengo pelo que funciona
como un impermeable.

CAMBIAR LA PÁGINA
PAGE TURNING

CERRAR
CLOSE

INICIO
HOME

VISTA PRELIMINAR
PAGE PREVIEW

2

Copyright ©2015 AV² de Weigl. Library of Congress Cataloging-in-Publication Data se encuentra en la página 24.
Copyright ©2015 AV² by Weigl. Library of Congress Cataloging-in-Publication Data is located on page 24.

Yo soy la ballena jorobada

En este libro te enseñaré acerca de

- mí
- mi alimento
- mi casa
- mi familia

¡Y mucho más!

Soy una ballena jorobada.

Vivo debajo del agua pero respiro aire.

6

7

Soy tan grande como
un autobús escolar.

Puedo comer hasta 3.000 libras de alimento en un día.

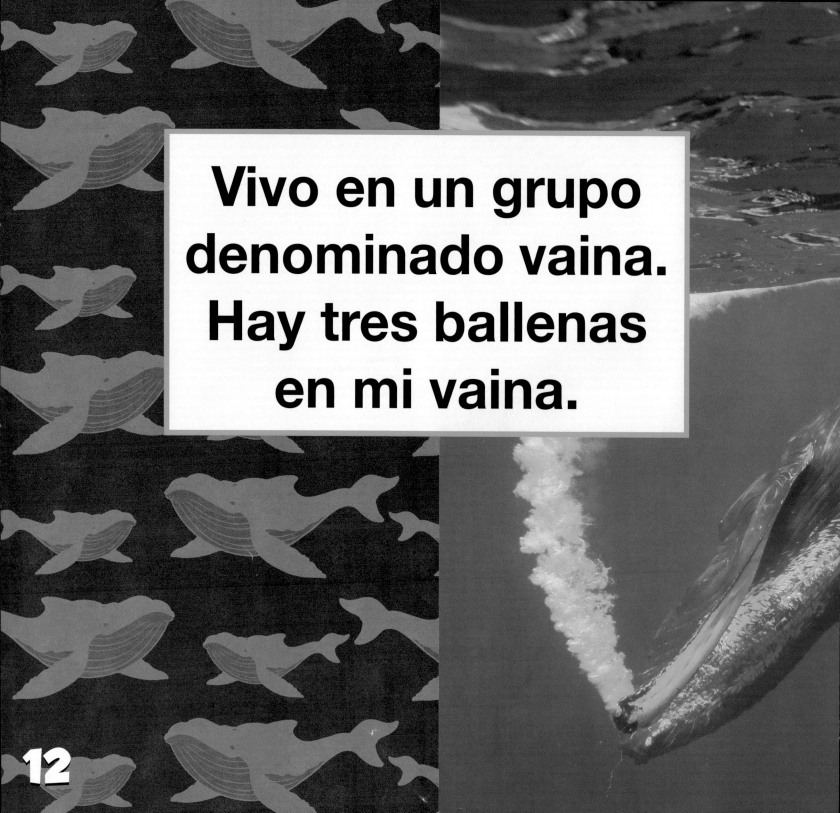

Vivo en un grupo denominado vaina. Hay tres ballenas en mi vaina.

12

13

Canto una canción para comunicarme con otras ballenas.

**Cuando nací medía
13 pies de largo.**

Nado más de 10.000 millas cada año.

19

Se me puede ver
en excursiones de
avistamiento de ballenas.

Soy una ballena
jorobada.

DATOS DE LA BALLENA JOROBADA

Estas páginas proveen información detallada que amplía los datos interesantes que se encuentran en el libro. Están destinadas a ser utilizadas por adultos como apoyo de aprendizaje para ayudar a los jóvenes lectores con sus conocimientos de cada animal maravilloso presentado en la serie *Yo soy*.

Páginas 4–5

Soy una ballena jorobada. El nombre científico de la ballena jorobada significa "gran alado de Nueva Inglaterra". Obtuvo este nombre debido a que fue clasificada por primera vez cerca de Nueva Inglaterra y por sus grandes aletas pectorales. La ballena jorobada tiene dos aletas pectorales. Cada una puede medir hasta 15 pies (4,6 metros) de largo.

Páginas 6–7

Vivo bajo el agua pero respiro aire. Las ballenas jorobadas viven en todos los océanos del mundo, pero prefieren permanecer cerca de las costas e incluso se aventuran en bahías y ríos. Las ballenas jorobadas respiran aire a través de dos espiráculos ubicados en la parte superior de su cabeza. Pueden mantener la respiración hasta por 30 minutos.

Páginas 8–9

Soy tan grande como un autobús escolar. Las ballenas jorobadas se encuentran entre los animales más grandes de la Tierra. Pueden medir hasta 50 pies (16 m) de largo y pesar hasta 40 toneladas (36 toneladas métricas). La aleta de la cola puede medir hasta 15 pies (4,5 m) de ancho. Las hembras son más grandes que los machos.

Páginas 10–11

Puedo comer hasta 3.000 libras (1.360 kilogramos) de alimento en un día. Las ballenas jorobadas son un tipo de ballena barbada. En lugar de dientes, estas ballenas tienen largos filamentos de queratina similares a cabellos. Este es el material que forma las uñas de los dedos. Estos filamentos similares a cabellos, llamados barbas, filtran el alimento del agua. Las ballenas jorobadas comen kril, plancton y peces pequeños.

Páginas 12–13

Vivo en un grupo denominado vaina. Las vainas de ballenas jorobadas varían en tamaño, de dos a tres miembros. Se han documentado vainas de quince ballenas. Las vainas no son grupos permanentes, y las ballenas jorobadas abandonan las vainas con regularidad para luego unirse a otra. Los machos actúan como escoltas de las hembras con una cría.

Páginas 14–15

Canto una canción para comunicarme con otras ballenas. La ballena jorobada emite una gran variedad de sonidos que se unen formando canciones largas y complejas. Estas canciones pueden durar hasta 35 minutos. Solamente los machos cantan. Se cree que las canciones son utilizadas para atraer parejas. Debajo del agua, estas canciones pueden ser escuchadas a más de 20 millas (30 kilómetros) de distancia.

Páginas 16–17

Cuando nací medía 13 pies (4 m) de largo. Las hembras están preñadas durante un año antes de dar a luz. Las ballenas jorobadas dan a luz en el invierno, cada dos años. Las crías crecen continuamente por hasta 10 años antes de alcanzar su tamaño adulto. Los recién nacidos pueden beber hasta 100 libras (45 kg) de leche en un día.

Páginas 18–19

Nado más de 10.000 millas (16,000 km) cada año. Las ballenas jorobadas son animales migratorios. Cada invierno, las ballenas migran hasta 5.000 millas (8.000 km) en un sentido, hacia zonas de cría en aguas más cálidas. Esto es más que un viaje de 10.000 millas (16.000 km) de ida y vuelta.

Páginas 20–21

Se me puede ver en excursiones de avistamiento de ballenas. Las ballenas jorobadas son las más acrobáticas de todas las especies de ballenas. Usualmente salen a la superficie, o saltan fuera del agua, y golpean el agua con su enorme aleta de la cola. Por este motivo, las ballenas jorobadas son comúnmente perseguidas por botes de avistamiento.

¡Visita www.av2books.com para disfrutar de tu libro interactivo de inglés y español!
Check out www.av2books.com for your interactive English and Spanish ebook!

1 **Entra en www.av2books.com**
Go to www.av2books.com

2 **Ingresa tu código**
Enter book code

D322363

3 **¡Alimenta tu imaginación en línea!**
Fuel your imagination online!

www.av2books.com

Published by AV² by Weigl
350 5th Avenue, 59th Floor New York, NY 10118
Website: www.av2books.com   www.weigl.com

Copyright ©2015 AV² by Weigl
All rights reserved. No part of this publication may be reproduced, stored in a retrieval system, or transmitted in any form or by any means, electronic, mechanical, photocopying, recording, or otherwise, without the prior written permission of Weigl Publishers Inc.

Library of Congress Control Number: 2014933095

ISBN 978-1-4896-2108-5 (hardcover)
ISBN 978-1-4896-2109-2 (single-user eBook)
ISBN 978-1-4896-2110-8 (multi-user eBook)

Printed in the United States of America in North Mankato, Minnesota
1 2 3 4 5 6 7 8 9 0 18 17 16 15 14

032014
WEP280314

Project Coordinator: Jared Siemens
Spanish Editor: Translation Cloud LLC
Art Director: Terry Paulhus

Every reasonable effort has been made to trace ownership and to obtain permission to reprint copyright material. The publishers would be pleased to have any errors or omissions brought to their attention so that they may be corrected in subsequent printings.

Weigl acknowledges Getty Images as the primary image supplier for this title.